essentials

Essentials liefern aktuelles Wissen in konzentrierter Form. Die Essenz dessen, worauf es als „State-of-the-Art" in der gegenwärtigen Fachdiskussion oder in der Praxis ankommt. Essentials informieren schnell, unkompliziert und verständlich.

- als Einführung in ein aktuelles Thema aus Ihrem Fachgebiet
- als Einstieg in ein für Sie noch unbekanntes Themenfeld
- als Einblick, um zum Thema mitreden zu können.

Die Bücher in elektronischer und gedruckter Form bringen das Expertenwissen von Springer-Fachautoren kompakt zur Darstellung. Sie sind besonders für die Nutzung als eBook auf Tablet-PCs, eBook-Readern und Smartphones geeignet.

Essentials: Wissensbausteine aus Wirtschaft und Gesellschaft, Medizin, Psychologie und Gesundheitsberufen, Technik und Naturwissenschaften. Von renommierten Autoren der Verlagsmarken Springer Gabler, Springer VS, Springer Medizin, Springer Spektrum, Springer Vieweg und Springer Psychologie.

Niels Van Quaquebeke · Matthias M. Graf

Wann wird man als gute Führungskraft gesehen?

Eine Einführung in die kognitions-psychologische Sicht auf Führung

Prof. Dr. Niels Van Quaquebeke
Dr. Matthias M. Graf

Hamburg
Deutschland

Dieser Beitrag basiert auf einem Kapitel des Herausgeberbandes „Zukunft der Führung" von Sven Grote, erschienen 2012 im Verlag Springer Gabler, 978-3-642-31051-5.

ISSN 2197-6708   ISSN 2197-6716 (electronic)
ISBN 978-3-658-07523-1   ISBN 978-3-658-07524-8 (eBook)
DOI 10.1007/978-3-658-07524-8

Die Deutsche Nationalbibliothek verzeichnet diese Publikation in der Deutschen Nationalbiblio-
grafie; detaillierte bibliografische Daten sind im Internet über http://dnb.d-nb.de abrufbar.

Springer Gabler
© Springer Fachmedien Wiesbaden 2015

Gedruckt auf säurefreiem und chlorfrei gebleichtem Papier

Springer Gabler ist eine Marke von Springer DE. Springer DE ist Teil der Fachverlagsgruppe
Springer Science+Business Media
www.springer-gabler.de

Was Sie in diesem Essential finden können

- Eine Einführung in die moderne kognitionspsychologische Sicht auf Führung.
- Erklärungen, ob beziehungsweise wann man als gute Führungskraft gesehen wird.
- Erklärungen, warum Mitarbeiter gegebenenfalls Reaktanz auf die Führung zeigen, ohne dass sie genau wissen würden, warum das so ist.

Inhaltsverzeichnis

Einleitung

Klassische Ansätze der Führungsforschung haben in den vergangenen Dekaden immer wieder versucht zu erklären, welche Faktoren erfolgreiche Führung ausmachen. Diese Bemühungen haben sich dabei vor allem auf Führungspersönlichkeit oder Führungsverhalten konzentriert (Yukl 2005). Damals wie heute wird von Forschern aber immer wieder in Frage gestellt, ob die Persönlichkeit oder das Verhalten von Führungskräften tatsächlich direkte Einflussfaktoren erfolgreicher Führungsprozesse darstellen (Hollander 1964; Lord et al. 1986). Dabei argumentieren die Kritiker dieser Ansätze, dass die klassische Führungsforschung es überwiegend versäumt, Mitarbeiter als Mediatoren (also als Mittler) innerhalb des Führungsprozesses zu verstehen. Mit anderen Worten: ob Angestellte folgen und entsprechend Leistung zeigen, hängt vor allem davon ab, wie sie Führungsprozesse wahrnehmen, insbesondere ob sie ihre Führungskräfte als qualifiziert für die Führungsposition und in dem Sinne legitimiert für ihren Anspruch auf Einfluss ansehen (Kenney et al. 1996).

Die wiederholten Bedenken an den klassischen Ansätzen haben in den letzten Jahren zu einem Paradigmenwechsel in der Führungsforschung geführt. Hat sich die Forschung in der Vergangenheit vor allem auf die Perspektive der Führungskräfte konzentriert, fokussiert sie heutzutage stärker auf die Perspektive der Geführten und argumentiert, dass das Verständnis von Führungsprozessen ein Verständnis von kognitiven Prozessen bei Mitarbeitern voraussetzt (Lord und Brown 2003; Schyns und Meindl 2005; Shamir et al. 2006; Van Quaquebeke 2008).

© Springer Fachmedien Wiesbaden 2015
N. Van Quaquebeke, M. M. Graf, *Wann wird man als gute
Führungskraft gesehen?*, essentials, DOI 10.1007/978-3-658-07524-8_1

Dieser Paradigmenwechsel lässt sich am besten durch die Aussage von Robert G. Lord und Cynthia G. Emrich (2000, S. 551) zusammenfassen, die anmerken: „Wenn Führung zumindest zu einem gewissen Anteil in den Köpfen der Mitarbeiter stattfindet, dann ist es geboten aufzudecken, was diese denken."

Kognitionspsychologischer Hintergrund des Führungsansatzes

2

Die meisten Menschen sind in Gruppen aufgewachsen und beispielsweise in Kindergärten, Schulen, Sportvereinen oder Freundeskreisen sozialisiert worden. In diesen Gruppen ist Führung meist ein ganz natürliches Phänomen. Deshalb beinhaltet diese Art der Sozialisierung, dass Menschen von frühester Kindheit an implizite Vorstellungen über Führungsprozesse und Führungskräfte entwickeln. Diese Vorstellungen sind kognitive Schemata, die beschreiben, was (gute) Führung ausmacht, und werden in der Forschung implizite Führungstheorien genannt (engl. „Implicit Leadership Theories", Kenney et al. 1996; Lord und Maher 1991).

So könnte man die Leser unseres Buches beispielsweise zu ihren Vorstellungen von Führung befragen. Die meisten von ihnen werden dabei eine durchaus durchdachte Antwort liefern können, welche Faktoren und Attribute gute Führungsprozesse und Führungskräfte für sie ausmachen. Ihre Antworten werden sich darüber hinaus wahrscheinlich sogar sehr stark gleichen. Befasst man sich näher mit den kognitiven Prozessen, die solchen Vorstellungen zugrunde liegen, ist diese Tatsache nicht weiter verwunderlich. Implizite Führungstheorien ähneln sich, da sie zu einem großen Teil auf gemeinsam gemachten Erfahrungen basieren und durch dieselben Medien oder vergleichbare Institutionen beeinflusst werden (Lord und Maher 1991).

Im Kontext von Führung ist es jedoch wichtig zu verstehen, dass diese kognitiven Schemata nicht ohne Konsequenz für den tatsächlichen Führungsprozess sind. Sie dienen Mitarbeitern als Interpretationshilfen, um ihre Führungskräfte im Hinblick auf ihre Qualifikationen und damit auch auf ihre Legitimation zu bewerten. Anders gesagt stellen implizite Führungstheorien ein Mittel dar, durch das sich Personen die organisationale Welt um sich herum erschließen (Weick 1995).

© Springer Fachmedien Wiesbaden 2015
N. Van Quaquebeke, M. M. Graf, *Wann wird man als gute Führungskraft gesehen?*, essentials, DOI 10.1007/978-3-658-07524-8_2

Dabei verlaufen diese Prozesse weitestgehend implizit und durchwirken Wahrnehmungen, ohne dass dies den wahrnehmenden Personen bewusst wäre oder von diesen hinterfragt werden würde. Dass diese Prozesse automatisch ablaufen, bedeutet aber auch, dass sie kognitiv sehr ressourcenschonend sind.

Aus dieser Sichtweise ergibt sich, dass die Qualität von Führungskräften, und somit auch ihr Erfolg, zu einem großen Teil von der Wahrnehmung und Interpretation ihrer Mitarbeiter unterworfen sind. Deshalb konstatieren viele Forscher heutzutage auch, dass Führung im sprichwörtlichen „Auge des Betrachters" liegt (Nye 2002). Dieser Logik folgend fokussiert die Geführten-zentrierte Erforschung von Führungsprozessen darauf, wie Informationen über Führungskräfte und -prozesse von Mitarbeitern aufgenommen und verarbeitet werden (Lord und Maher 1991). In diesem Sinne bilden Führungsprozesse also keine Realität in Form tatsächlicher Eigenschaften und Verhaltensweisen von Führungskräften ab, sondern eine Realität, die von Mitarbeitern kognitiv konstruiert wird. Demnach könnte man sogar sagen, dass moderne Führungsforschung eine fast konstruktivistische Sichtweise auf Führung einnimmt (von Foerster 1985; von Glasersfeld 1996): Sie stellt nicht heraus, was gute oder schlechte Führung im Einzelnen ausmacht, sondern, wie gute oder schlechte Führung durch die Mitarbeiter konstruiert wird.

Um nachzuvollziehen, was effektive Führung ausmacht, muss man verstehen, wie Personen ihre impliziten Führungstheorien konstruieren und für die Aufnahme und Verarbeitung von Informationen nutzen. Robert G. Lord und Karen J. Maher (1991) unterscheiden dabei zwischen zwei fundamentalen Prozessen: 1) Kognitive Prozesse der Informationsverarbeitung, die auf Wiedererkennung basieren und 2) kognitive Prozesse der Informationsverarbeitung, die auf Schlussfolgerungen beruhen. Beide Prozesse dienen Mitarbeitern dazu, Führung zu verstehen und in Führungsprozessen adäquat zu agieren. Sie werden im Folgenden in Abb. 3.1 in ihrem Zusammenhäng dargestellt und anschließend einzeln näher betrachtet:

3.1 Kognitive Prozesse der Wiedererkennung

Interessanterweise können bereits Kinder im Grundschulalter „Anführer" von „keine Anführer" unterscheiden und dabei Faktoren benennen, die Anführer anders machen oder in denen sie anders sind. Das bedeutet, dass Menschen in diesem Alter also bereits ein kognitives Schema für Führungskräfte entwickelt haben.

Diese Abstraktion setzt sich im Zuge der Sozialisation immer weiter fort, so dass sich nach und nach aus einem zu Anfang vielleicht etwas diffusen Schema ein immer klarerer Führungsprototyp verfestigt. Im Rahmen der Erforschung von impliziten Führungstheorien wird angenommen, dass diese Führungsprototypen nicht nur inhaltlich präsent sind, sondern durch ihre zentrale Funktion in der Wahrnehmung auch praktische Relevanz entfalten, indem sie bestimmen, wer als Führungskraft überhaupt (an)erkannt wird. Diesem Prozess unterliegt folgende Logik: je

© Springer Fachmedien Wiesbaden 2015
N. Van Quaquebeke, M. M. Graf, *Wann wird man als gute
Führungskraft gesehen?*, essentials, DOI 10.1007/978-3-658-07524-8_3

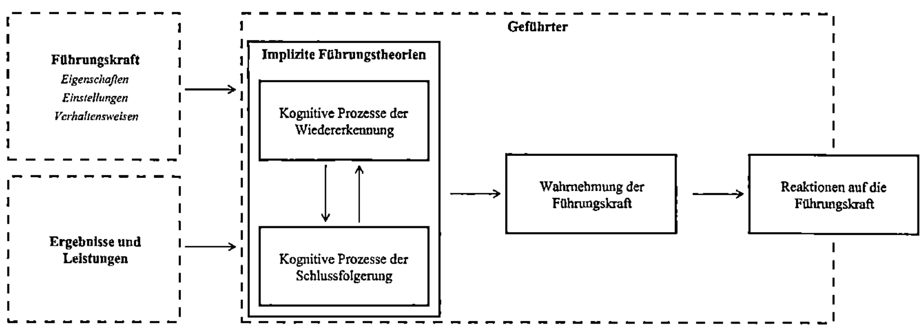

Abb. 3.1 Kognitive Prozesse der Wiedererkennung und Schlussfolgerung sind Teil von impliziten Führungstheorien, die die Informationsverarbeitung über und Reaktion auf Führungskräfte beeinflussen

stärker Führungskräfte dem kognitiv repräsentierten Führungsprototyp ihrer Mitarbeiter ähneln, desto leichter fällt es letzteren, ihre Führungskräfte auch tatsächlich als Führungskräfte zu erkennen. Dieser Prozess ist noch einmal in Abb. 3.2 veranschaulicht.

Psychologische Reaktionszeitexperimente belegen beispielsweise, dass Personen im Allgemeinen schneller Informationen zu Führungskräften verarbeiten, die ihren Prototypen ähnlich sind, und entsprechend langsamer auf Personeninformationen reagieren, die dem Führungsprototyp unähnlich ist (Lord et al. 1984). Darüber hinaus fällt es Mitarbeitern schwerer, Eigenschaften und Verhaltensweisen ihrer Führungskräfte als Führungsattribute zu kategorisieren, wenn sie Diskrepanzen zwischen ihren Vorgesetzten und ihrem Führungsprototypen wahrnehmen (Scott und Brown 2006). Mit anderen Worten: Führungsprototypen stellen so etwas wie eine Schublade (im Sinne des Schubladendenkens) dar, in die eine tatsächliche Führungskraft erst einmal passen muss, damit ein Mitarbeiter diese auch (an)erkennt. Dieser kognitive Prozesse der Informationsverarbeitung wird auch Führungskräftekategorisierung genannt (engl. „Leader Categorization"), da eine Zielperson (bspw. eine formale Führungskraft) der kognitiven Kategorie Führungskraft zugeordnet wird oder nicht (Van Quaquebeke und Brodbeck 2008).

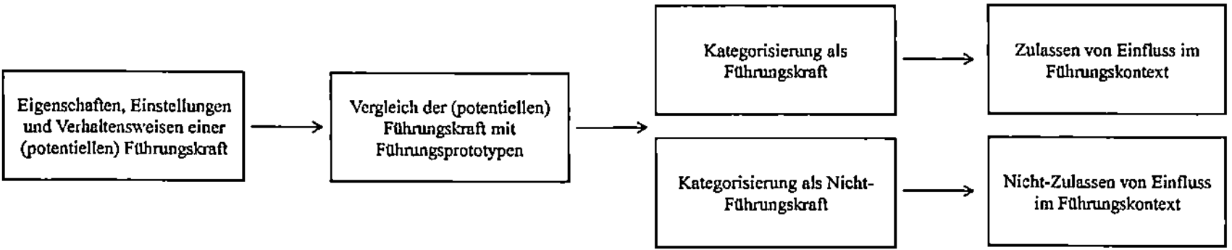

Abb. 3.2 Kognitive Prozesse der Wiedererkennung im Verlauf

Während in jungen Jahren diese Form der Kategorisierung einen Einfluss auf die Wahlen von Klassensprechern oder Fußballkapitänen haben mag, so ist diese später im organisationalen Kontext nicht nur von sozialer, sondern auch von wirtschaftlicher Brisanz. Eine Führungskraft kann beispielsweise für die Leitung eines Teams formal eingesetzt worden sein, ist aber nur dann erfolgreich, wenn ihre Mitarbeiter sie auch als Vorgesetzten anerkennen. Deshalb ist es aus Sicht von Unternehmen absolut notwendig nachzuvollziehen, wie die Führungsprototypen ihrer Mitarbeiter inhaltlich beschaffen sind und wie sie diese als Benchmark nutzen, um zu bestimmen, ob sie Einfluss durch ihre Führungskräfte zulassen sollen oder nicht.

Weil Führungsprototypen für Organisationen von so großer Bedeutung sind, haben sich viele Forscher in den vergangenen Jahren vor allem darauf fokussiert, ihre Struktur und Inhalte zu untersuchen (Chokar et al. 2007; Offermann et al. 1994). Zusammenfassend konnte dabei gezeigt werden, dass Führungsprototypen sozial geteilte Repräsentationen sind, die bestimmen, wie Führungskräfte sein sollten (Van Quaquebeke et al. 2014). Diese Repräsentationen können in Abhängigkeit von unterschiedlichen gesellschaftlichen Bereichen wie Politik, Wirtschaft oder Sport (Lord et al. 1984) oder unterschiedlichen Kulturen variieren (Interkulturelle Erhebungsinstrumente für Führungsprototypen finden sich dabei bei Chokar et al. 2007, ausführliche Messinstrumente für Deutschland sind bei Van Quaquebeke und Brodbeck 2008, zu finden).

Abseits des reinen Wiedererkennungsprozesses geht die Logik der Führungskraftkategorisierung allerdings über die bloße kognitive Kategorisierung von Führungskräften hinaus. Insbesondere wird argumentiert, dass Mitarbeiter eher bereit sind, Einfluss von ihren Führungskräften zuzulassen, je stärker sie diese als Führungskräfte kategorisieren können. Dieser Logik nach hat die prototypische Kategorisierung von Führungskräften beispielsweise zur Folge, dass diese bessere Beziehungen zu ihren Mitarbeitern aufbauen und aufrechterhalten können. Prototypische Führungskräfte stärken weiterhin nachweislich auch das organisationale Commitment, die Identifikation mit der Firma oder aber auch generell die Zufriedenheit ihrer Mitarbeiter mit ihren Teams (Epitropaki und Martin 2005; Van Quaquebeke und Brodbeck 2008). Die Kategorisierung entlang eines impliziten Führungsprototyps bedeutet aber beispielsweise auch, dass es weibliche Führungskräfte immer noch vergleichsweise schwierig haben, ab einer bestimmten Hierarchiestufe als ebenso qualifiziert wahrgenommen zu werden wie ihre männlichen Kollegen (Eagly und Karau 2002). Nicht weil sie nicht entsprechend qualifiziert wären, sondern weil zu viele Attribute mit dem impliziten Führungsprototyp nicht übereinstimmen (siehe hierzu die Diskussion und mögliche Interventionen in Van Quaquebeke und Schmerling 2010).

Zusammenfassend lässt sich sagen, dass Mitarbeiter von Personen, die sie als prototypisch kategorisieren (können), mehr Einfluss und damit Führung zulassen als von Personen, die ihren Führungsprototypen nicht entsprechen (Van Quaquebeke 2008).

3.2   Kognitive Prozesse der Schlussfolgerung

Kognitive Prozesse der Informationsverarbeitung, die auf Schlussfolgerungen basieren, beziehen sich nicht auf kognitive Kategorien, sondern beruhen auf kognitiven Attributionsnetzwerken, die Ereignisse mit der Vergangenheit im Sinne einer Zuschreibung kausal verknüpfen.

Überlegen Sie beispielsweise mal, wie Sie den Trainer eines besonders erfolgreichen Fußballteams im Vergleich mit dem Trainer einer besonders erfolglosen Mannschaft beschreiben würden. Oder beschreiben Sie Geschäftsführer besonders erfolgreicher Unternehmen im Vergleich mit Geschäftsführern besonders erfolgloser Unternehmen. Oder Generäle nach erfolgreichen Schlachten versus Generäle nach verlorenen Schlachten. Was Sie feststellen werden, ist dass Sie dazu tendieren, den Trainern, Geschäftsführern oder Generälen dieser Beispiele eine große Kausalität für das Ergebnis zuzuweisen, ohne zu wissen, ob die Attribute, die Sie zu Erklärung heranziehen, auch wirklich mit dem Ergebnis zusammenhängen. Die Zuschreibung dieser Eigenschaften und Verhaltensweisen spiegelt vielmehr Ihre implizite Führungstheorie wieder, dass bestimmte Führungsattribute oder -verhaltensweisen kausal mit dem Resultat zusammenhängen müssen (Meindl 1995).

Diese Art der Attribution wird von James R. Meindl und Kollegen daher auch als Romantisierung von Führung bezeichnet. Der entsprechende Prozess ist in Abb. 3.3 schematisch dargestellt.

Personen nutzen im Allgemeinen alle zusätzlich zur Verfügung stehenden Informationen, um sich das Wirken von Führungskräften zu erklären – besonders dann, wenn Führungskräfte nicht eindeutig kategorisiert werden können (siehe obigen Abschnitt zu Informationsverarbeitung auf der Basis von Wiedererkennung, Lord

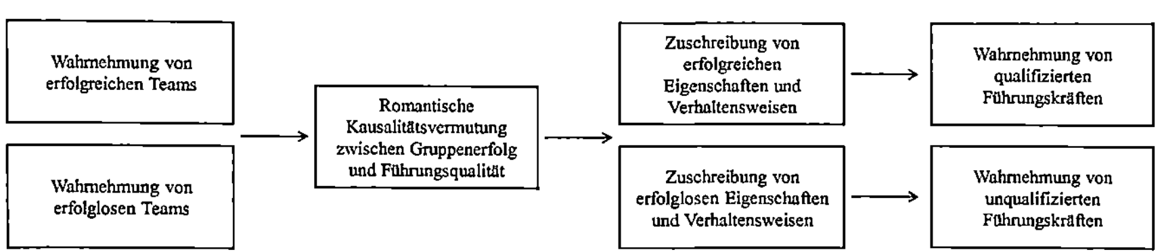

Abb. 3.3 Kognitive Prozesse der Schlussfolgerung im Verlauf

und Maher 1991). Die zugrundeliegenden kognitiven Prozesse der Schlussfolgerung basieren darauf, dass Menschen annehmen, dass die Funktion von Führungskräften vor allem darin besteht, es ihren Teams zu ermöglichen, ihre auferlegten Ziele zu erreichen, sei es die Fußballmeisterschaft, die Erschließung eines neuen Geschäftsfelds oder der Sieg in einer Schlacht. Führungskräfte, denen das gelingt, werden üblicherweise als qualifizierte Führungskräfte eingeschätzt. Schaffen sie es dagegen nicht, werden sie als unqualifizierte Führungskräfte angesehen (Nye 2005). Mit anderen Worten: gewinnt das Team, wird der Trainer gefeiert, verliert es, wird er gefeuert. Judith L. Nye (2005) ist der Ansicht, dass die kognitive Verbindung von erfolgreichen Teams und erfolgreichen Führungskräften so stark in der schlussfolgernden menschlichen Informationsverarbeitung verankert ist, dass Teamerfolg und Führungsqualität als zwei Seiten derselben Medaille angesehen werden können. Sogar die eigenen Mitarbeiter – also Personen, die fast uneingeschränkten Zugang zu allen relevanten Informationen über die Ursachen von Erfolg und Misserfolg haben – nehmen ihre Führungskräfte oftmals in dieser verzerrten Weise wahr. Wenn eine Führungskraft einmal als Ursache für den Erfolg oder den Misserfolg eines Teams ausgemacht worden ist, nutzen Personen ihre impliziten Führungstheorien in Folge sogar, um Informationslücken über ihre Eigenschaften und Verhaltensweisen zu schließen. Das bedeutet, dass sie ihr zum Beispiel im Nachhinein Attribute wie etwa Charisma zuschreiben, die zwar ihren idealen Führungsprototypen entsprechen aber nicht unbedingt bei der Führungskraft tatsächlich vorhanden sind (Schyns et al. 2007).

Natürlich verschließen Menschen gegenüber etwaigen situationalen Einflüssen auf den Erfolg oder Misserfolg von Teams nicht die Augen. Im Gegenteil: wenn sie dieser Faktoren gewahr werden, sind Personen weit weniger versucht, allein der Führungskraft die Verantwortung für Erfolge oder Misserfolge ihrer Teams zuzuschreiben. Dennoch haben zahlreiche Untersuchungen immer wieder belegen können, dass Personen eher Menschen als Ursache für Ergebnisse verantwortlich machen als eventuelle situative Einflüsse. Diese Verzerrung in der Wahrnehmung wird fundamentaler Attributionsfehler genannt und ist im menschlichen Denken so verwurzelt, dass situationale Faktoren wirklich außergewöhnlich stark sein müssen, um Menschen in ihrer kognitiv kausalen Verbindung zwischen Erfolg und Führungsqualität zu „stören".

Relevanz für die Praxis 4

Aus praktischer Sicht könnte man sich nun fragen, warum die Geführtenperspektive in Führungsprozessen überhaupt wichtig ist. Führungskräfte sind doch schließlich dazu da, Entscheidungen zu treffen und Maßnahmen für deren Umsetzung zu initiieren. Mitarbeiter werden im Gegenzug dafür bezahlt, diese mitzutragen und umzusetzen. Diese Argumentation mag vielleicht zutreffen, lässt aber die Potenziale, die sich aus einer stärkeren Berücksichtigung der Geführtenperspektive ergeben, ungenutzt.

Aus systemtheoretischer Sicht (Luhmann 1984; Willke 2000) lässt sich in diesem Zusammenhang argumentieren, dass ein Team intelligent genug ist, selbständig bestimmen zu können, was für Führungskräfte es braucht, um den unterschiedlichen Herausforderungen während seiner Evolution erfolgreich begegnen zu können (van Vugt 2006; Williams und Levitt 1947). Diese Anforderungen dürften sich auch relativ konkret in den idealprototypischen Erwartungen an eine Führungskraft wiederfinden.

Vor diesem Hintergrund verwundert es, dass Verantwortliche aus der Geschäftsführung, dem Personalmanagement oder externer Beratungen intelligenter als ein zu führendes Team sein sollen, um den besten Vorgesetzten zu bestimmen. In der Tat spielen Mitarbeiter in den meisten Auswahlprozessen keine aktive Rolle. Es wird einfach davon ausgegangen, dass sie die für sie getätigte Auswahl akzeptieren werden. Wenn man anerkennt, dass dies definitiv kein systemimmanenter Prozess ist, dann sollte man auch nicht überrascht sein, dass viele Führungskräfte von ihren Angestellten nicht akzeptiert werden und somit auch an ihren Aufgaben scheitern – vor allem in Zeiten von Krisen, in denen Führungskräfte den Rückhalt und Unterstützung ihrer Mitarbeiter am meisten benötigen.

© Springer Fachmedien Wiesbaden 2015
N. Van Quaquebeke, M. M. Graf, *Wann wird man als gute
Führungskraft gesehen?*, essentials, DOI 10.1007/978-3-658-07524-8_4

Anstatt diese Logik an einer organisationalen Fallstudie zu erläutern, möchten wir an dieser Stelle vorerst auf ein sicherlich nicht alltägliches, aber aus unserer Sicht äußerst passendes Beispiel verweisen. Vor einigen Jahren strahlte der schottische Ableger des britischen Fernsehsenders BBC eine Reality Show – Castaway 2000 – aus. Dieses Format war eine Art wissenschaftlich begleitete und elaboriertere Version der bekannten Big Brother Serie. Die BBC überließ 36 Personen, die aus allen sozialen Schichten der britischen Gesellschaft ausgewählt worden waren, für einen Zeitraum von mehreren Monaten auf einer einsamen Insel vor Großbritannien sich selbst. Wie bei Big Brother wurden die Teilnehmer nicht nur dabei beobachtet, wie sie ihr alltägliches Leben führten, sondern mussten auch zahlreiche verschiedene Aufgaben meistern, die ihnen der Sender immer wieder auftrug.

Was in den nächsten Monaten zu beobachten war, erwies sich aus Führungssicht als äußerst interessant. Zu Anfang passten sich die Teilnehmer an die ungewöhnliche Situation an, indem sie versuchten, ihr gewohntes Leben unter möglichst ähnlichen Umständen weiter zu führen. Manager, Anwälte und Ärzte nahmen auf eine selbstverständliche Art die Rolle der Führungskräfte der Gruppe ein. Die anderen Teilnehmer, die sich an die Gesamtsituation erst gewöhnen mussten, waren damit vorerst einverstanden. Schließlich waren sie an solche Führungskräfte gewohnt. Nach einer gewissen Zeit begannen sie aber zu realisieren, dass die formalen Führungsstrukturen auf der Insel keinen Bestand hatten. Und es dauerte nicht lange, da begannen sie, die selbst ernannten Führungskräfte zu hinterfragen.

In der darauf folgenden Zeit ließen sich Aufruhr und ein Verlust an Orientierung beobachten. Zeitgleich begann aber ein Teilnehmer sich mehr und mehr den Respekt der anderen zu verdienen. Nicht, weil er ein ganz besonderes Führungsverhalten aufzeigte oder eine ganz besondere Führungseigenschaft hatte, sondern weil er ein wesentlich komplexeres Bild einer Führungskraft darstellte: je nach Art der Situation und Anforderung unterstützte er andere Teilnehmer, traf Entscheidungen, suchte in der Gruppe nach Unterstützung oder hielt besonders charismatische Reden. Interessant ist, dass dieser Teilnehmer 26 Jahre alt war und in seinem gewohnten Leben als Fotopraktikant in London arbeitete. Aber auf der Insel erwies er sich tatsächlich als derjenige, den die meisten Teilnehmer respektierten und dem sie gerne folgten, wenn sie nach Führung suchten (Van Quaquebeke et al. 2007). Dabei wies er einfach Eigenschaften und Verhaltensweisen auf, die die Gruppe auf der Insel in ihrer Situation von einer Führungskraft erwartete, die also ihrem idealen Führungsprototyp für die Situation entsprachen.

Einige Leser sind sicherlich der Auffassung, dass dieses Beispiel nicht allzu viel mit Führungssituationen in Unternehmen zu tun hat. Dennoch trägt es unserer Ansicht nach zur Erklärung von Führungsprozessen bei, da es deutlich macht, dass diese zu einem großen Teil aus der Perspektive der Geführten betrachtet und verstanden werden müssen.

Studien der National Aeronautics and Space Administration (NASA) können hier weiteres Anschauungsmaterial liefern. Diese zeigen, dass Mitglieder eines Spaceshuttles bei Notfällen wie dem plötzlichen Verlust von Treibstoff oder dem unerwarteten Abfall von Druck in der Kabine nicht automatisch auf denjenigen hören würden, der am Ranghöchsten ist, sondern auf denjenigen, dem sie in diesen Extremsituationen am ehesten die schnelle Lösung des Problems zutrauen (Connors et al. 1985). Die NASA Forscher formulieren diplomatisch, dass Space Shuttle Commander zwar mit Belohungs- und Bestrafungsmacht qua Amt ausgestattet werden können, dass diese formal gebundenen Machtquellen allerdings immer weniger zählen, desto weiter sich das Raumschiff von der Erde entfernt. Denn wenn man 3000 km von der Erde entfernt ist und auf eine potenziell lebensbedrohliche Krise reagieren muss, dann ist es einem im Zweifel ziemlich egal, wie viele Sterne auf der Epaulette eines jeden Crewmitglieds stehen.

Die gefühlte Unsicherheit in solcherart Notfällen ist natürlich extrem, da die beschriebenen Situationen wie der Verlust von Treibstoff akut lebensbedrohlich sind und die Mitglieder des Shuttles sich der Konfrontation nur schwer entziehen können. Mitarbeiter eines Unternehmens, meinen wir, erleben allerdings häufig ein ebensolche, wenngleich wahrscheinlich nicht ganz so starke Unsicherheit in ihrem Arbeitsalltags. Zum Beispiel, wenn sie sich mit der drohenden Übernahme des eigenen Unternehmens durch einen Wettbewerber konfrontiert sehen oder ein neu eingeführtes Produkt zu scheitern droht. Angenommen, Sie (unser Leser) wären ein Angestellter in einem solchen Unternehmen. Wem würden Sie folgen? Und genau darauf will die Erforschung von Führungsprozessen aus der Perspektive der Mitarbeiter Antworten geben.

In solchen Situationen ist es besonders wichtig, dass Führungskräfte den Führungsprototypen ihrer Mitarbeiter entsprechen. Erst wenn die Mitarbeiter wahrnehmen, dass ihre Vorgesetzte ihren Vorstellungen einer Führungskraft gleichen, öffnen sie sich für den Einfluss, den diese auf sie ausüben. Führungskräfte, die den Prototypen dagegen nicht entsprechen, werden es als schwierig empfinden, als qualifiziert und legitimiert wahrgenommen zu werden. Daher ist es von großer Bedeutung, Vorgesetzte für die kognitiven Prozesse, die den impliziten Führungstheorien ihrer Angestellten unterliegen, zu sensibilisieren und mit den Dynamiken vertraut zu machen, die sich aus einem Vergleich ihrer Funktion mit den Führungsprototypen eines bestimmten Unternehmens, eines spezifischen Bereiches oder bestimmter Mitarbeiter ergeben (Lord und Maher 1991; Van Quaquebeke et al. 2011).

4.1 Anwendung des Führungsansatzes auf die unternehmerische Praxis

Da Teams üblicherweise mit den Inhalten und Abläufen ihres Arbeitsalltags sehr vertraut sind, haben Mitarbeiter die nötige Expertise und Erfahrung, um bestimmen zu können, welche Attribute eine Führungskraft aus ihrer Sicht aufweisen sollte, um erfolgreich zu sein. Deshalb sollten Mitarbeiter an Auswahlprozessen von Führungskräften beteiligt werden. Mehr noch, da eine Führungskraft, die trotz aller offiziellen Qualifikationen in den Augen ihrer Angestellten nicht kompetent ist, es schwer haben wird, diese zu führen, sollte auf die Perspektive der Mitarbeiter auch eingegangen werden. Dass diese Beteiligung für Unternehmen Vorteile hat, möchten wir anhand von drei Beispielen aus der unternehmerischen Praxis verdeutlichen.

Bei der Drogeriemarktkette dm-drogerie markt GmbH+Co. KG können die Angestellten auf die Auswahl und Einstellung von Führungskräften Einfluss nehmen. Der Geschäftsführung ist es wichtig, dass Mitarbeiter ihre Führungskräfte von Anfang an akzeptieren und unterstützen. Deshalb lernen Mitarbeiter einer Filiale alle Bewerber für Führungsfunktionen persönlich kennen und nehmen an einer offenen Diskussion ihrer Vor- und Nachteile teil. Anschließend sprechen sie Empfehlungen aus, die bei der Auswahl zu gleichen Teilen berücksichtigt werden (Pfläging 2006).

Einen etwas weniger offenen, aber nichtsdestotrotz sehr mitarbeiterzentrierten Ansatz der Führungskräfteauswahl fährt der Motorradzubehörteilelieferant Louis GmbH. Hier werden potentielle Filialleiter zwar vorher von der zentralen Geschäftsführung durchgecheckt, müssen sich dann aber in einer sogenannten „Schnupperwoche" in der zu führenden Filiale selbst bewähren. Danach werden die Mitarbeiter der Filiale gefragt, ob sie sich vorstellen können, unter diesem Vorgesetzten zu arbeiten und ob sie glauben, dass dieser die Filiale gut führen wird. Das Menschenbild, was hier von der Geschäftsleitung implizit kommuniziert wird, ist ein menschenpositives: Mitarbeiter wollen gut und sinnvoll arbeiten. Sie werden daher schon den besten Kandidaten aussuchen – und nicht denjenigen, bei dem sie gegebenenfalls weniger arbeiten müssen, aber dies letztendlich der Filiale, damit der Firma und letzten Endes sich selbst schaden würde. Der Zeitraum von einer Woche ist dabei gut bemessen, um beiden Seiten einen relativ authentischen Einblick zu gewähren, ohne sich den Nachteil des „Sunk Cost Effects" einzuhandeln (Effekt, dass, wenn man viel investiert hat, Folgeinvestitionen vergleichsweise gering erscheinen), wie er bei einem halben Jahr Probezeit üblich ist.

Das Solartechnikunternehmen Wagner & Co. Solartechnik GmbH befindet sich sogar im Besitz seiner Mitarbeiter. Diese fungieren als Gesellschafter des Unternehmens und nehmen ebenfalls Einfluss auf die Besetzung ihrer Führungskräfte. Die Geschäftsführer werden nach Vorschlag des Aufsichtsrates von Vertretern der Gesellschafter ausgewählt und für zwei Jahre in ihrer Position bestätigt. Die Abteilungsleiter werden sogar von den eigenen Angestellten der Abteilung direkt ausgewählt und besetzt. Bei der Auswahl der Führungskräfte wird unter anderem darauf geachtet, dass sich die Bewerber stark mit dem Unternehmen identifizieren (Maier 2009). Da sich die Identität eines Unternehmens in seiner Führungskultur und den Führungsprototypen seiner Mitarbeiter wiederspiegelt, zeigt sich einmal mehr, welche bedeutende Rolle die mitarbeiterzentrierte Perspektive bei der Besetzung von Führungspositionen haben kann Und wie viel zerstört werden kann, wenn nach augenscheinlich logischen Kriterien von außen rekrutiert wird.

Auf ihre je eigene Art gelingt es allen drei genannten Unternehmen, Führungskräfte zu besetzen, die von ihren Mitarbeitern als besonders prototypisch wahrgenommen werden. Wie wir bereits dargelegt haben, sind Angestellte unter diesen Umständen besonders offen für den Einfluss ihrer Vorgesetzten. Das hat zahlreiche positive Implikationen. Alle drei Unternehmen agieren besonders erfolgreich am Markt.

Eine weitere Möglichkeit die grundlegend andere Logik einer mitarbeiterzentrierte Sicht auf Führung für die Praxis nutzbringend anzuwenden, besteht in Rahmen von Führungskräfteentwicklungen. Da Angestellte bestimmte Vorstellungen darüber haben, welche Attribute aus ihrer Perspektive eine gute Führungskraft ausmachen, sollten diese Erwartungen in der Ausarbeitung von einzelnen Entwicklungsmaßnahmen berücksichtigt werden. So könnten beispielsweise die Mitarbeiter bestimmte Kompetenzen definieren, die ihre Führungskräfte lernen sollten. Ein solches Unterfangen sollte natürlich nicht überborden und Führungskräfte gänzlich dem Diktat ihrer Mitarbeiter unterwerfen, aber die Autoren des vorliegenden Buches sind zumindest der Meinung, dass ein kleines „Gegensteuern" in einer derzeit unserer Meinung nach zu sehr Führungskraft-zentrierten Organisationswelt sehr sinnvoll sein dürfte.

Während obige Plädoyers eher auf den Prozess der Führungskräftekategorisierung abzielen und veranschaulichen, welches Potenzial hierüber für Organisationen gehoben werden könnte, beinhaltet die im theoretischen Teil dargestellten kognitiven Prozesse der Informationsverarbeitung, die auf Schlussfolgerungen basieren, ein ebenfalls weitestgehend unerschlossenes Potenzial. Allerdings bezieht sich dieses Potenzial weniger auf die Ausschöpfung von ungenutzten Ressourcen als vielmehr auf die Vermeidung eines unnötigen Verbrauchs von Ressourcen.

Wie in der Einleitung dargestellt, bringen Menschen Erfolge und Misserfolge von Teams vor allem mit dem Wirken der jeweiligen Führungskraft in Verbindung. Ebenso haben wir ausgeführt, dass diese Verbindung so nicht immer kausal haltbar ist. In der Ableitung dieser Erkenntnis für die organisationale Praxis scheint es uns daher angebracht, darauf hinzuweisen, dass Führungskräfte weder vorschnell gefeiert noch vorschnell gefeuert werden sollten.

Erinnert man sich etwa an das Beispiel der Fußballvereine, genießen Trainer erfolgreicher Mannschaften in vielen Fällen einen geradezu kulthaften Status und werden von Spielern, Vertretern des Vereins oder den Medien beispiellos hochgejubelt. Trainer erfolgloser Mannschaften werden dagegen vorschnell als Sündenböcke für Niederlagen ausgemacht und von denselben Gruppen beispiellos niedergemacht. Dieser Vergleich verdeutlicht, dass Führungskräfte im Allgemeinen damit umgehen müssen, dass sie von ihren Mitarbeitern und anderen Vertretern eines Unternehmens als zentrale Figuren ihres Teams angesehen werden. In Fällen von Erfolg und Misserfolg wird ihr Wirken als Ursache ausgemacht, ohne situationale Faktoren in der Analyse von Zusammenhängen zwischen der Performanz eines Teams und den Ergebnissen wirklich zu betrachten. Selbige erfolgreiche Trainer haben dann nämlich auch häufig beim nächsten Verein überhaupt kein glückliches Händchen mehr, und selbige erfolgslose Trainer gewinnen später die Meisterschaft oder den Pokal.

In Organisationen scheint es daher angebracht, Führungskräften die verlässliche Möglichkeit zu geben, sich über einen längeren Zeitraum in ihrer Funktion beweisen zu können. Auch könnten Unternehmen beispielsweise Regelprozesse einführen, die sich mit dem Wirken der Führungskräfte im Kontext von Erfolg und Misserfolg auseinandersetzen, um somit allen Beteiligten ein besseres Bild der Lage und vor allem der Kausalitäten zu vermitteln. Zwar würde so auch der Nimbus der allmächtigen Führungskraft zerstört werden, aber immerhin auch die Sündebockfunktion für selbige. Beide Prozesse schaden bisher einer objektiven Sicht auf die Dinge und damit auch der adäquaten Reaktionsfähigkeit von Organisationen. So werden beispielsweise Millionbeträge für Gehälter von „Star" Managern ausgegeben, die häufig dann doch nur ein „One Trick Pony" waren. Führungskräfte, die aber einmal gescheitert sind, werden häufig geschasst, ohne davon zu profitieren, dass diese durch diesen Fehler wahrscheinlich gerade einen großen Entwicklungssprung gemacht haben.

Als Beispiel der Praxis sei einmal mehr auf dm hingewiesen. Hier sind die Führungskräfte beispielsweise dazu angehalten, sich beinahe täglich mit ihren Mitarbeitern auszutauschen. Die Inhalte dieses Austauschs gehen über die Ziele formaler Entwicklungsgespräche weit hinaus und thematisieren unter anderem regelmäßig Ursachen von gemeinsamen Erfolgen und Misserfolgen. Auf diese Art sind die Angestellten über alle Faktoren, die Filialergebnissen zugrunde liegen, informiert. Um die Ursachen von Erfolgen oder Misserfolgen einer Filiale nachvollziehen zu können, schafft dm darüber hinaus größtmögliche Transparenz. Alle Angestellten erhalten systematischen Zugang zu relevanten Kennzahlen ihrer Filiale. Des Weiteren finden auf Ebene der Filialleiter regelmäßige Austauschrunden statt, in denen ihnen ihre Vorgesetzten laufende Geschäftsprozesse im Detail darstellen und erläutern (Pfläging 2006; Werner 2009). Durch diese Lernkultur werden Vorurteile abgeschafft und Betriebszusammenhänge wirklich durchschaut – mit der Konsequenz, dass einzelne Führungskräfte weniger zur alleinigen Rechenschaft gezogen werden, wodurch es zu einer niedrigen Fluktuation im Führungspersonal aber auch zu wertvollem Verbesserungslernen auf allen Ebenen kommt.

4.2 Einschränkungen des Ansatzes

Auch wenn die stärkere Berücksichtigung der Mitarbeiterperspektive wie dargestellt nachhaltige Potenziale bietet, lassen sich auch Einschränkungen des Ansatzes feststellen, die wir hier offen adressieren wollen. Dabei wollen wir vor allem auf zwei Nachteile eingehen, die sich aus der Relevanz von impliziten Führungstheorien für die Praxis ergeben.

Erstens besagt die Logik der prototypischen Kategorisierung von Führungskräften, dass Mitarbeiter offener für Einfluss sind, wenn ihre Vorgesetzten ihren Prototypen ähnlich sind. Dabei lässt sich aber im Allgemeinen hinterfragen, ob Führungskräfte im unternehmerischen Sinne auch immer effektiver handeln, wenn sie den Prototypen ihrer Angestellten entsprechen. Wissenschaftliche Untersuchungen haben sich bisher noch nicht damit auseinandergesetzt, ob prototypische Vorgesetzte auch bessere Entscheidungen treffen. Es ist nämlich auch vorstellbar, dass Führungskräfte, die den Prototypen ihrer Mitarbeiter entsprechen, kritische oder unbeliebte Entscheidungen nur widerwillig treffen – selbst wenn sie unternehmerisch sinnvoll sind – weil sie Angst davor haben, nicht mehr uneingeschränkt von ihren Angestellten unterstützt zu werden (Hollander 1964). So ist für die Geschäftsführer und die Abteilungsleiter bei Wagner die Ausübung ihrer Aufgaben manchmal schwer: einerseits müssen sie auf die Interessen ihrer Mitarbeiter Rücksicht nehmen, andererseits sind sie aber auch manchmal dazu gezwungen, kurzfristig unbeliebte Entscheidungen zu treffen und damit ihre Wiederwahl zu riskieren (Maier 2009).

Zweitens müssen Unternehmen fähig sein, sich an Krisen und Wettbewerb anzupassen, um auf dem Markt bestehen zu können. Gerade vor einem solchen Hintergrund kann es damit auch von Nachteil sein, wenn ein Unternehmen überwiegend über prototypische Führungskräfte verfügt und Nicht-Prototypikalität offen in Frage stellt. Bei dm kommt es beispielsweise immer wieder vor, dass extern eingestellte Führungskräfte das Unternehmen wieder verlassen, weil es ihnen schwerfällt, sich in die vorherrschende Kultur zu integrieren und deshalb an ihren

Aufgaben scheitern (Werner 2009). Das kann in Zeiten des Wandels und aus der Notwendigkeit heraus, innovativ zu sein, aber zu einem Einbruch in der unternehmerischen Originalität und Kreativität führen.

Auch ungeachtet der Marktsituation kann es manchmal Sinn machen, Führungskräfte zu besetzen, die den Führungsprototypen ihrer Mitarbeiter gerade nicht entsprechen, um neue Impulse zu kreieren oder sozialen Wandel zu unterstützen. Deshalb fördern viele Unternehmen beispielsweise gezielt weibliche Führungskräfte. Eine solche Förderung von Vielfalt auf Führungsebenen stößt zwar kurzfristig unweigerlich auf Akzeptanzprobleme unter Mitarbeitern, dennoch sind wir der festen Überzeugung, dass sie langfristig die Veränderungsbereitschaft und Flexibilität eines Unternehmens erhöht. Unternehmen wie dm, Louis und Wagner sind auch deshalb erfolgreich, weil sie regelmäßig ihre Prozesse hinterfragen und nicht immer nur auf die gleichen eingespielte Eigenschaften oder Verhaltensweisen setzen.

Ausblick 5

Das Fazit dieses Buches sollte sein, dass es keine Führungskräfte ohne Geführte gibt. Wenn keiner folgt, führt auch keiner. Warum jemand folgt oder nicht, versuchen moderne Führungstheorien aufzudecken. Dabei erklären sie diesen Prozess maßgeblich über die Kognitionen von denjenigen, die geführt werden sollen. Eine Perspektive, die sich zwar langsam in der Forschung immer mehr durchsetzt, allerdings in weiten Teilen der Praxis trotz ihrer erschlagenden Logik leider missachtet wird. Ausgewählte positive Beispiele machen jedoch deutlich, dass es hier beträchtliches Potenzial zu heben gibt.

Eine Mitarbeiter-zentrierte Perspektive auf Führung bedeutet dabei nicht, dass hierarchische Strukturen in Unternehmen abgeschafft werden sollen. Bei dm oder Louis werden Entscheidungen immer noch von der Geschäftsführung oder den Führungskräften getroffen. Es wurden allerdings in beiden Unternehmen Prozesse geschaffen, die ungehobenen Potenziale heben und das Verschwenden von Führungsressourcen vermeiden.

Wichtig an dieser Art des Denkens ist, dass es eine undogmatische Sicht und vor allem Diskussion über gute Führung zulässt. In der Tat wird in diesem Paradigma nicht argumentiert, was objektiv gute oder schlechte Führung ist, vielmehr wird konstatiert, dass dies immer im Auge des Betrachtes liegt. Somit passt es in einen anderen derzeitigen revitalisierten Trend der Führungsforschung, dass nämlich Führungsstile immer situationsangepasst sein müssen (Pillai und Meindl 1998; Shamir und Howell 1999).

Was Sie aus diesem Essential mitnehmen können

- Verschafft ein Verständnis zu den kognitionspsychologischen Prozessen, die dazu führen, ob bzw. wann man als gute Führungskraft gesehen wird.
- Erklärt anschaulich, warum es manchmal so schwer ist zu führen, ohne dass jemand konkret weiß, woran es liegt.
- Zeigt Fehler in der Beobachtung und Beurteilung von Führungskräften auf und warum manchmal nicht die wirklichen Führungsqualitäten entscheiden.
- Demonstriert, wie viel Anteil die subjektive Sicht der Mitarbeiter an der Konstruktion von erfolgreicher Führung haben.

© Springer Fachmedien Wiesbaden 2015
N. Van Quaquebeke, M. M. Graf, *Wann wird man als gute
Führungskraft gesehen?*, essentials, DOI 10.1007/978-3-658-07524-8

Literatur

Braun, F., Oelkers, S., Rogalski, K., Bosak, J., & Sczesny, S. (2007). „Aus Gründen der Verständlichkeit...“: Der Einfluss generisch maskuliner und alternativer Personenbezeichnungen auf die kognitive Verarbeitung von Texten. *Psychologische Rundschau, 58*, 183–189.

Chhokar, J. S., Brodbeck, F. C., & House, R. J. (Hrsg.). (2007). *Culture and leadership across the world: The GLOBE book of in-depth studies of 25 societies*. Mahwah: Lawrence Erlbaum Associates.

Connors, M. M., Harrison, A. A., & Akins, F. R. (1985). *Living aloft: Human requirements for extended spaceflight*. Washington, DC: United States Government Printing. http://history.nasa.gov/SP-483/cover.htm.

Eagly, A. H., & Karau, S. J. (2002). Role congruity theory of prejudice toward female leaders. *Psychological Review, 109*(3), 573–598.

Epitropaki, O., & Martin, R. (2004). Implicit leadership theories in applied settings: Factor structure, generalizability, and stability over time. *Journal of Applied Psychology, 89*, 293–310.

Epitropaki, O., & Martin, R. (2005). From ideal to real: A longitudinal study of the ideal role of implicit leadership theories on leader-member exchanges and employee outcomes. *Journal of Applied Psychology, 90*(4), 659–676.

von Foerster, H. (1985). *Sicht und Einsicht. Versuche zu einer operativen Erkenntnistheorie*. Braunschweig: Vieweg.

von Glasersfeld, E. (1996). *Radical constructivism: A way of knowing and learning*. London: Falmer Press.

Hollander, E. P. (1964). *Leaders, groups, and influence*. Oxford: Oxford University Press.

Kenney, R. A., Schwartz-Kenney, B. M., & Blascovich, J. (1996). Implicit leadership theories: Defining leaders described as worthy of influence. *Personality & Social Psychology Bulletin, 22*(11), 1128–1143.

Lord, R. G., & Brown, A. D. (2003). *Leadership processes and follower self-identity*. Mahwah: Lawrence Erlbaum Associates.

Lord, R. G., & Emrich, C. G. (2000). Thinking outside the box by looking inside the box: Extending the cognitive revolution in leadership research. *Leadership Quarterly, 11*(4), 551–579.

© Springer Fachmedien Wiesbaden 2015
N. Van Quaquebeke, M. M. Graf, *Wann wird man als gute Führungskraft gesehen?*, essentials, DOI 10.1007/978-3-658-07524-8

Lord, R. G., & Maher, K. J. (1991). *Leadership and information processing: Linking perceptions and performance*. Boston: Unwin Hyman.

Lord, R. G., Foti, R. J., & de Vader, C. L. (1984). A test of leadership categorization theory: Internal structure, information-processing, and leadership perceptions. *Organizational Behavior & Human Performance, 34*(3), 343–378.

Lord, R. G., de Vader, C. L., & Alliger, G. M. (1986). A meta-analysis of the relation between personality traits and leadership perceptions: An application of validity generalization procedures. *Journal of Applied Psychology, 71*(3), 402–410.

Luhmann, N. (1984). *Soziale Systeme: Grundriss einer allgemeinen Theorie*. Frankfurt a. M.: Suhrkamp.

Maier, J. (2009). *Unternehmen in Arbeiterhand. Wenn Mitarbeiter ihre Chefs wählen*. http://www.fr-online.de/in_und_ausland/wirtschaft/dossiers/dossier_kapital_in_arbeiter-hand/1819021_Unternehmen-in-Arbeiterhand-Wenn-Mitarbeiter-ihre-Chefs-waehlen.html. Zugegriffen: 14. Okt. 2014.

Meindl, J. R. (1995). The romance of leadership as a follower-centric theory: A social constructionist approach. *Leadership Quarterly, 6*(3), 329–341.

Nye, J. L. (2002). The eye of the follower: Information processing effects on attributions regarding leaders of small groups. *Small Group Research, 33*(3), 337–360.

Nye, J. L. (2005). Implicit theories and leadership perceptions in the thick of it: The effects of prototype matching, group setbacks and group outcomes. In B. Schyns & J. R. Meindl (Hrsg.), *Implicit leadership theories: Essays and explorations* (S. 3–25). Greenwich: Information Age Publishing.

Offermann, L. R., Kennedy, J. K., & Wirtz, P. W. (1994). Implicit leadership theories: Content, structure, and generalizability. *Leadership Quarterly, 5*(1), 43–58.

Pfläging, N. (2006). *Führen mit flexible Zielen: Beyond budgeting in der Praxis*. Frankfurt a. M.: Campus Verlag.

Pillai, R., & Meindl, J. R. (1998). Context and charisma: A "meso" level examination of the relationship of organic structure, collectivism, and crisis to charismatic leadership. *Journal of Management, 24*(5), 643–671.

Schyns, B., & Meindl, J. R. (Hrsg.). (2005). *Implicit leadership theories: Essays and explorations*. Greenwich: Information Age Publishing.

Schyns, B., Felfe, J., & Blank, H. (2007). Is charisma hyper-romanticism? Empirical evidence from new data and a metanalysis. *Applied Psychology: An International Review, 56*(4), 505–527.

Scott, K. A., & Brown, D. J. (2006). Female explorations, first, leader second? Gender bias in the encoding of leadership behavior. *Organizational Behavior and Human Processes, 101*(2), 230–242.

Shamir, B., & Howell, J. M. (1999). Organizational and contextual influences on the emergence and effectiveness of charismatic leadership. *Leadership Quarterly, 10*(2), 257–283.

Shamir, B., Pillai, R., Bligh, M., & Uhl-Bien, M. (Hrsg.). (2006). *Follower-centered perspectives on leadership*. Greenwich: Information Age Publishing.

Van Quaquebeke, N. (2008). *Respect & leadership: A psychological perspective*. Berlin: Wissenschaftlicher Verlag Berlin.

Van Quaquebeke, N., & Brodbeck, F. C. (2008). Entwicklung und erste Validierung zweier Instrumente zur Erfassung von Führungskräfte-Kategorisierung im deutschsprachigen Raum. *Zeitschrift für Arbeits- und Organisationspsychologie, 52*, 70–80.

Van Quaquebeke, N., & Schmerling, A. (2010). Kognitive Gleichstellung: Wie die bloße Abbildung bekannter weiblicher und männlicher Führungskräfte unser implizites Denken zu Führung beeinflusst. *Zeitschrift für Arbeits- und Organisationspsychologie, 54*(3), 1–14.

Van Quaquebeke, N., Henrich, D. C., & Eckloff, T. (2007). "It's not tolerance I'm asking for, it's respect!" A conceptual framework to differentiate between tolerance, acceptance and respect. *Gruppendynamik und Organisationsberatung, 38*, 185–200.

Van Quaquebeke, N., van Knippenberg, D., & Brodbeck, F. C. (2011). More than meets the eye: The role of subordinates' self-perceptions in leader categorization processes. *The Leadership Quarterly, 10*, 367–382.

Van Quaquebeke, N., Graf, M. M., & Eckloff, T. (2014). What do leaders have to live up to? Contrasting the effects of central tendency- versus ideal-based leader prototypes in leader categorization processes. *Leadership, 10*, 190–215.

van Vugt, M. (2006). Evolutionary origins of leadership and followership. *Personality and Social Psychology Review, 10*(4), 354–371.

Weick, K. E. (1995). *Sensemaking in organizations*. Thousand Oaks: Sage.

Werner, G. W. (2009). Best Practice: Der Humanist. *Focus, 1*, 66–69.

Williams, S. E., & Leavitt, H. J. (1947). Group opinion as a predictor of military leadership. *Journal of Consulting Psychology, 11*, 283–291.

Willke, H. (2000). *Systemtheorie I: Grundlagen* (6. Aufl.). Stuttgart: Lucius & Lucius.

Yukl, G. A. (2005). *Leadership in organizations* (6. Aufl.). Upper Saddle River: Prentice Hall.